AF460010

# LES IDÉES

DE

# BEAUCORNET

COMÉDIE EN UN ACTE

PAR

M. SIRAUDIN

REPRÉSENTÉE

Pour la première fois, à Paris, sur le Théâtre du Vaudeville
le 10 avril 1867

PARIS
LIBRAIRIE DRAMATIQUE
10, RUE DE LA BOURSE, 10

1867

## PERSONNAGES

—

| | | |
|---|---|---|
| BRÉTIGNY............................... | MM. | FABIEN. |
| OSCAR BEAUCORNET.................. | | BLOUM. |
| AMÉLIE, femme de Brétigny.............. | Mlles | SAVARY. |
| LAURE, son amie........................ | | LEROUX. |
| LISE, femme de chambre................. | | LE BRETON. |

*La scène se passe à Paris, chez Brétigny.*

BIBLIOTHÈQUE SPÉCIALE

DE

LA SOCIÉTÉ DES AUTEURS ET COMPOSITEURS DRAMATIQUES

Agent général : LOUIS LACOUR

Paris. — Typ. Morris et Ce, rue Amelot, 64.

LES

# IDÉES DE BEAUCORNET

Un appartement élégamment meublé. — Un placard au fond. Portes latérales. — A droite, une fenêtre; à gauche, une autre porte. — Un canapé; une table ronde au milieu de la scène; des chaises.

## SCÈNE PREMIÈRE

LAURE, *elle rentre précipitamment par la porte de droite.*

Encore lui !... toujours lui !... (*Agitée.*) C'est une persécution!... depuis trois jours... au bal... au concert, au spectacle... Aujourd'hui, sur le boulevard... il me parle, il me suit... Il a même osé m'écrire... mais je n'ai pas lu sa lettre... c'est-à-dire si... mais je ne l'ai pas finie... car je me suis aperçue tout de suite... que c'était une déclaration... Voyons donc ! (*Allant à la fenêtre.*) Il est là... sur le trottoir... Ah! mon Dieu! ..(*Regardant.*) Il traverse la rue... Il entre dans la maison!... quelle audace!...

LISE, *entrant par la gauche.*

Madame...

LAURE.

Vous ne m'avez pas vue.

LISE.

Mais, madame...

LAURE.

Vous ne m'avez pas vue ! (*Elle entre à gauche.*)

## SCÈNE II

LISE, *puis* OSCAR.

LISE.

C'est bien, je ne l'ai pas vue !... puisqu'elle y tient !

OSCAR, *entrant par la droite et venant à gauche.*

Ah!... Bonnet, tablier... costume de tradition... Holà!... soubrette !...

LISE.

Femme de chambre...

OSCAR.

C'est la même chose... Dis moi, Dorine...

LISE.

Je m'appelle Lise...

OSCAR.

C'est la même chose... Aimes-tu l'argent?...

LISE.

J'aime mieux l'or...

OSCAR.

C'est la même chose... (*S'arrêtant.*) Non ! ... Elle a raison, ce n'est pas la même chose... Préfères-tu les guinées, les dollars ou les sequins?...

LISE.

Je les aime tous...

OSCAR.

Allons!... Je vois que tu as des opinions assez accommodantes... nous pourrons nous entendre... Voici deux louis...

LISE.

Deux louis, peste ! Parlez, seigneur.

OSCAR.

Cette dame qui vient de rentrer ?

LISE.

C'est une amie de madame Brétigny, ma maîtresse...

OSCAR.

Bien !... Elle se nomme ?

LISE.

Laure.

OSCAR.

Très-bien... Elle est?

LISE, *désignant la gauche.*

Dans cette chambre...

OSCAR, *s'asseyant sur le canapé.*

C'est bon ! je l'attendrai...

LISE.

Cependant, monsieur...

OSCAR.

Pas d'observations... Voici de nouveaux subsides...

LISE.

Je rends les armes !... (*Elle sort à droite.*)

## SCÈNE III

OSCAR, *assis.*

Mon système est bien simple... (*Se retournant.*) Je suis seul? oui. Mon système est bien simple ! ... J'ai 25 ans, de la fortune et du physique... Or, mon jeune âge, mes billets de banque et mes qualités personnelles, je les mets entièrement à la disposition des femmes. Mais pour moi... il y a femmes et femmes... Des grisettes, des marchandes de modes ? Fi donc !... des amours à la Paul de Kock ? C'est bon pour les commis voyageurs... Desdemoiselles de famille, bien élevées, touchant du piano ? merci!... Il faut épouser... et le mariage... jamais!... Enchaîner mon indépendance? Vivre sous le même toit ? se voir à toute heure... n'avoir qu'une chambre... Jamais ! non, jamais ! J'ai là dessus des idées bien arrêtées... Alors... je me suis réfugié... dans la section des femmes mariées. Oh ! la femme mariée ! faire la cour à la femme d'un autre !... se cacher, s'écrire à la dérobée, se sauver, revenir, se resauver.. rerevenir !... Vivre de transes, de craintes et d'effroi : ne se rencontrer que tous les huit jours à peine !... Voilà le vrai bonheur ! voilà la vie !... C'est ce que je disais il y a quatre jours à Marinville, un de mes amis que je rencontrais sur le boulevard. Il est marié, lui... « Surtout, m'a-t-il dit, prends bien garde... ne fais pas la cour à ma femme quand je te présenterai, car tu sais !... » En effet, je sais... qu'il est très-fort à l'épée ; aussi l'ai-je rayé de mes tablettes. Il ne faut pas plaisanter avec ces choses-là. Moquons-nous de tout, excepté des coups d'épée. C'est encore une de mes idées.

## SCÈNE IV

OSCAR, LISE.

LISE, *accourant par la gauche.*

Monsieur !... monsieur.

OSCAR, *à droite.*

Quoi ?

LISE.

Voilà le mari !...

OSCAR.

Le mari de cette dame ?

LISE.

Non, de l'autre !

OSCAR.

Il y en a deux !...

LISE.

Oui, la femme de l'associé de monsieur demeure ici avec madame... Mais partez, partez... si vous ne voulez pas qu'il vous voie !

OSCAR.

Parfait ! parfait ! J'adore cela, moi ! Se sauver, revenir, se resauver, rerevenir. C'est le bonheur ! c'est la vie !

LISE, *montrant la porte de droite.*

Sortez par ici.

OSCAR, *l'embrassant.*

Tu es un ange, si tu étais mariée, je t'adorerais. (*Ils sortent à droite.*)

## SCÈNE V

BRÉTIGNY, AMÉLIE.

AMÉLIE, *entrant par la gauche.*

Vous m'expliquerez ces sorties continuelles, ces conversations avec le concierge...

BRÉTIGNY.

Ah! vous m'avez vu?

AMÉLIE.

Oui, je vous ai vu... et je crains de deviner...

BRÉTIGNY.

Deviner quoi?

AMÉLIE.

Vous êtes jaloux, monsieur Brétigny!

BRÉTIGNY.

Jaloux?... Eh bien, oui, je le suis!...

AMÉLIE.

Vous ne craignez pas de me faire une telle injure?

BRÉTIGNY.

Rassurez-vous, chère amie... Si je suis jaloux... ce n'est pas de vous.

AMÉLIE.

Ah! vraiment... je ne vaux pas qu'on me fasse cet honneur...

BRÉTIGNY.

Si, parfaitement, mais...

AMÉLIE.

Vous ne me le faites pas.

BRÉTIGNY.

Si tu voulais me permettre de m'expliquer...

AMÉLIE.

Alors vous aimez une autre femme?

BRÉTIGNY.

Mais non... mais non...

AMÉLIE.

Puisque vous avouez être jaloux d'une autre femme que moi...

BRÉTIGNY.

Si tu voulais me laisser parler...

AMÉLIE.

Parlez, monsieur, qui vous en empêche?

BRÉTIGNY.

Mais toi... tu parles tout le temps.

AMÉLIE.

Moi? je n'ai pas encore dit un mot!... Voyons, expliquez-vous.

BRÉTIGNY.

Tu sais que mon associé est amoureux fou de sa femme.

AMÉLIE.

Je le sais! (*Soupirant.*) Il y a des femmes heureuses sur la terre!

BRÉTIGNY.

Aussi, pendant qu'il voyage pour le compte de notre maison, a-t-il désiré que sa femme demeurât avec toi.

AMÉLIE.

Vous ne m'apprenez rien de nouveau... Laure a une chambre près de la mienne; je sais cela.

BRÉTIGNY.

Mais tu ne sais pas que mon associé, qui est aussi jaloux qu'amoureux, m'a prié de veiller sur sa femme, comme si c'était la mienne...

AMÉLIE.

Quoi! c'est de Laure...

BRÉTIGNY.

Certainement, et j'ai cru m'apercevoir...

AMÉLIE.

Assez, monsieur!... d'abord, Laure est une charmante femme, sage, fidèle à ses devoirs ; ensuite je n'admets pas que vous vous fassiez le gardien de l'honneur des autres. Vous avez une femme, occupez-vous d'elle.

BRÉTIGNY.

Mais, chère amie, tu me disais tout à l'heure que ma jalousie était une injure pour toi...

AMÉLIE.

Une injure dont une femme est toujours flattée... Ainsi c'est bien entendu : vous me ferez le plaisir de ne plus vous occuper de madame Marinville.

BRÉTIGNY.

Mais j'ai juré...

AMÉLIE.

Je m'en charge, moi... Je veillerai sur mon amie...

BRÉTIGNY.

Mais...

AMÉLIE.

Ne m'en croyez-vous pas capable?

BRÉTIGNY.

Parfaitement, mais...

AMÉLIE.

Est-ce que je ne vous offre pas assez de garantie?

BRÉTIGNY.

Je ne dis pas cela...

AMÉLIE.

Alors?...

BRÉTIGNY, *passant à droite.*

Alors, c'est entendu... tu surveilleras... (*A part.*) Mais je surveillerai de mon côté. (*Tirant sa montre.*) Midi! l'heure de la Bourse... Adieu, chère amie... (*Prenant son chapeau.*) Adieu!... (*Il sort par la droite.*)

## SCÈNE VI

AMÉLIE, *puis* LAURE.

AMÉLIE, *s'asseyant sur le canapé.*

En effet, depuis le départ de son mari, Laure me semble rêveuse... elle paraît préoccupée... Elle sort le matin sans me prévenir... Aurait-elle?... Oh! non!... Ah! la voilà!

LAURE, *entrant précipitamment par la gauche.*

Je te cherche!

AMÉLIE.

Je t'attendais.

LAURE.

J'ai à te parler.

AMÉLIE.

Moi aussi... Assieds-toi là... et commence.

LAURE, *s'asseyant.*

Non, toi d'abord.

AMÉLIE.

Soit!... ma chère Laure, il y a depuis deux ou trois jours quelque chose d'inhabituel dans ta vie. Tu sembles fuir ma société... Hier encore... tu es allée au concert sans moi... Ce matin, tu es sortie pour quelques emplettes sans doute, mais sans me prévenir.

LAURE.

Ah! tiens, ma chère Amélie, j'aime mieux tout te dire!

AMÉLIE, *à part.*

Il y a quelque chose... (*Haut.*) Voyons!...

LAURE.

J'étais avant-hier au bal de madame de Roquencourt, où tu n'avais pu m'accompagner...

AMÉLIE.

J'étais un peu souffrante.

LAURE.

Je me trouvais donc, pour ainsi dire, délaissée, abandonnée, dans ce salon où je ne connaissais personne, lorsqu'un jeune homme...

AMÉLIE.

Ah ! il y a un jeune homme?

LAURE.

Oui.

AMÉLIE.

Comment est-il?

LAURE.

Ni bien, ni mal, comme tous les jeunes gens.

AMÉLIE.

Et ce jeune homme t'aura fait valser, polker ; il aura été galant, aimable, empressé ?

LAURE.

Oui...

AMÉLIE.

Son crime n'est pas grand !

LAURE.

Oui, mais le mien...

AMÉLIE.

Le tien? Tu m'inquiètes.

LAURE.

Le lendemain, ce même jeune homme me rencontra, par hasard, sur le boulevard.

AMÉLIE.

Ah! que je connais ce hasard-là! Il t'aborda, s'informa de ta santé... (*Riant.*) Le mal n'est pas irréparable !.

LAURE.

Ce n'est pas tout.

AMÉLIE.

Encore?

LAURE.

Hier, il a osé m'écrire !

AMÉLIE.

T'écrire!

LAURE.

Et...

AMÉLIE, *vivement.*

Tu as répondu!... Imprudente!... (*Se levant et allant à droite.*) Recevoir une lettre... la lire... passe encore! mais y répondre. Jamais.

LAURE.

Mais je n'ai pas répondu; j'ai lu seulement.

AMÉLIE.

Ah! je respire!

LAURE.

Et dans cette lettre... il ose me demander un entretien... Comme tu penses... je n'ai pas songé une seconde à le lui accorder.... Mais ce matin... en revenant du bain... il était sur mon chemin... Il m'a parlé... et il m'a dit... qu'il viendrait jusqu'ici... Oh!...

AMÉLIE.

Quoi?

LAURE.

Lui!... J'ai reconnu sa voix!...

## SCÈNE VII

LES MÊMES, OSCAR, *entrant par la droite.*

OSCAR, *sans voir Amélie et Laure.*

J'ai attendu que le maître de la maison... fût sorti; je l'ai guetté du coin de la rue, et... (*Apercevant les deux femmes.*) Oh!...

AMÉLIE, *souriant.*

Donnez-vous donc la peine d'entrer. monsieur...

OSCAR.

Madame est bien bonne! c'est ce que je fais. (*A part.*) Elle est charmante aussi celle-là...

AMÉLIE.

C'est sans doute... à mon mari que vous désirez parler?..

OSCAR.

Oui... non... c'est-à-dire si... (*A part.*) Je dois avoir l'air gauche.

LAURE, *bas à Amélie.*

Je tremble.

AMÉLIE, *bas à Laure.*

Laisse-moi faire. (*Haut.*) Pardon, monsieur, mais il me semble deviner à l'embarras... que je lis dans vos yeux, dans votre maintien...

OSCAR.

Ah! vous lisez... mon embarras... (*A part.*) Décidément, je dois avoir l'air gauche. Peut-être ai-je l'air bête?

AMÉLIE.

Que vous ne venez point ici... pour monsieur Brétigny. Or, comme je suppose que vous n'y venez pas pour moi, il est indubitable que c'est madame... (*elle désigne Laure,*) qui vous attire.

LAURE.

Amélie!

OSCAR.

Madame!

AMÉLIE.

Vous vous êtes étrangement trompé... monsieur!... Madame ne vous connaît pas; madame ne veut pas vous connaître... et, si vous ne cessez pas vos poursuites, je me verrai obligée d'instruire mon mari...

OSCAR.

Croyez bien, madame...

AMÉLIE.

Il est violent, emporté...

OSCAR.

Ah!...

AMELIE.

De première force à l'épée.

OSCAR.

Lui aussi?

AMÉLIE.

Et s'il vous trouvait ici...

OSCAR, *à part.*

Diable!

AMÉLIE.

Ah! mon Dieu!... (*Écoutant.*)

LAURE.

Quoi donc?

OSCAR.

Qu'y a-t-il?

AMÉLIE.

C'est lui! Il revient.

OSCAR, *saluant.*

Mesdames, je vous présente mes respects. (*Allant à la porte de droite.*)

AMÉLIE.

Mais non, monsieur, mais non, il va vous rencontrer.

OSCAR, *allant à gauche.*

Alors...

AMÉLIE, *se mettant devant la porte.*

Ma chambre! Jamais!

OSCAR, *allant à l'autre porte.*

Alors...

LAURE, *devant sa porte.*

Ma chambre! Jamais!

OSCAR.

Cependant, mesdames, je ne puis pas sortir par la fenêtre; vous êtes au troisième; si encore vous demeuriez au second... à un petit second.

AMÉLIE.

Une idée! Ici dans ce placard. (*Elle ouvre le placard du fond.*)

OSCAR.

Mais je vais étouffer là-dedans!...

AMÉLIE *et* LAURE.

Cela ne nous regarde pas...

OSCAR.

Mais cela me regarde un peu!... Bah! je me résigne... Ah! les femmes mariées, c'est charmant!... Se sauver, revenir, se resauver, rerevenir, c'est le bonheur, c'est... (*Il entre dans le placard, dont Amélie ferme les portes; les rouvrant.*) Il n'y a pas de souris?...

AMÉLIE.

Mais non, monsieur... (*Elle referme le placard; bas, à Laure.*) Maintenant! attention. (*Laure et Amélie se placent de manière à n'être pas vues de Brétigny.*)

## SCÈNE VIII

LAURE, AMÉLIE, BRÉTIGNY.

BRÉTIGNY, *entrant précipitamment.*

Le concierge me l'a bien désigné! Un monsieur a demandé la femme de mon associé... Il est monté... et il est ici! chez elle!... Oh! ma foi! j'ai promis au mari, j'ai juré même... et je vais... (*Au moment où il va pour se retourner, Amélie, qui s'est avancée jusque derrière lui, lui met vivement les deux mains sur les yeux.*)

AMÉLIE, *déguisant sa voix.*

Devinez!...

BRÉTIGNY.

Parbleu!

AMÉLIE.

Qui est là?... (*Pendant ce temps, elle fait un signe à Laure, qui va ouvrir le placard; Oscar sort et quitte l'appartement. Tout ce mouvement se fait très-vivement, pendant que Brétigny s'impatiente, contenu par les deux mains de sa femme.*)

BRÉTIGNY.

Voyons!... Amélie! c'est toi!...

AMÉLIE

Mais non...

LAURE, *bas, à Amélie.*

Il est parti.

AMÉLIE, *retirant ses mains.*

Vous aviez raison... c'était moi!...

BRÉTIGNY.

Ah ça! quelle idée avez-vous de jouer en plein jour au colin-maillard... Oh! (*Comme frappé d'une idée.*) Je devine. (*Il va à la fenêtre.*) C'est lui!... Il sort de la maison!

AMÉLIE, *à Laure.*

Nous sommes prises!...

BRÉTIGNY.

Ah ça, madame, me prenez-vous pour un mari de comédie? Vous me cachez la vue pour faire sortir d'ici un amant... (*A Laure.*) Le vôtre, peut-être!

LAURE.

Oh! monsieur!... Qui vous a donné le droit de me parler ainsi? Je ne puis en entendre davantage.

AMÉLIE, *la conduisant à sa chambre.*

Laisse-nous, mon amie, je vais arranger cela. (*Laure sort.*)

BRÉTIGNY, *à sa femme.*

Si ce n'est le sien, c'est donc le vôtre?

AMÉLIE.

Comment, monsieur!... vous osez!...

BRÉTIGNY.

Sans doute, j'ose, et vous n'allez pas vous plaindre, je pense. Vous m'accusiez, il n'y a qu'un instant, de n'être pas jaloux... je le suis maintenant, jaloux! je le suis terriblement, jaloux!

AMÉLIE.

Écoutez-moi, cela vaudra beaucoup mieux.

BRÉTIGNY, *s'asseyant.*

J'attends vos explications.

AMÉLIE.

Eh bien, oui, il y avait là, tout à l'heure, dans ce placard, un monsieur... que j'ai fait partir, grâce à un colin-maillard improvisé.

BRÉTIGNY.

Vous l'avouez? Elle l'avoue!..

AMÉLIE.

Ce monsieur est un imprudent, un étourneau, qui s'est imaginé de faire la cour à Laure... Il a osé s'introduire jusqu'ici... pour la voir, lui parler... et c'est quand je vous ai vu venir... que je l'ai fait cacher et partir par le moyen du colin...

BRÉTIGNY.

C'est bien! (*Il se lève et passe à gauche.*)

AMÉLIE.

Tout cela pour vous éviter à tous deux une rencontre désagréable! une querelle, un duel, peut-être!

BRÉTIGNY.

Croyez-vous donc, madame, que je ne me battrais pas?

AMÉLIE.

Pardon, vous êtes mon mari... et, si vous deviez être tué pour une femme... il me serait très-agréable que ce fût pour moi.

BRÉTIGNY.

Ainsi, vous convenez avec moi, madame, que mon associé n'avait pas tort en me priant de surveiller sa femme, et vous trouverez bon qu'aussitôt son retour, je le prévienne de tout ce qui s'est passé.

AMÉLIE.

Vous ne ferez pas cela!

BRÉTIGNY.

Si fait!

AMÉLIE.

Mais Laure est innocente!

BRÉTIGNY.

La preuve?

AMÉLIE.

Je vous l'affirme!

BRÉTIGNY.

Hum! hum!

AMÉLIE.

Vous dites?

BRÉTIGNY.

Je dis... que tant que vous ne me prouverez pas l'innocence de votre amie..... je suis décidé à tout révéler au mari...

AMÉLIE.

Ah!... monsieur... je vous assure...

BRÉTIGNY.

Mon Dieu, madame, je vous crois, je vous crois aveuglément, mais je veux des preuves...

AMÉLIE.

Mais, monsieur...

BRÉTIGNY.

Des preuves, madame, des preuves! (*Il rentre à gauche. Laure sort de sa chambre.*)

## SCÈNE IX

AMÉLIE, LAURE, LISE.

AMÉLIE.

Eh bien?

LAURE.

J'ai tout entendu... je suis perdue!

AMÉLIE.

Voyons! ne te tourmente pas.

LISE, *entrant.*

Madame... je viens de trouver une lettre dans l'antichambre.

AMÉLIE.

Une lettre?

LISE.

Je soupçonne que c'est ce monsieur qui est sorti, tout à l'heure, si précipitamment, qui l'aura laissée tomber.

AMÉLIE.

Donnez!

LISE.

Voilà...

AMÉLIE.

C'est bien. (*Lise sort.*)

## SCÈNE X

### LAURE, AMÉLIE.

AMÉLIE, *lisant la suscription.*

Ah! c'est singulier!... elle est adressée à ton mari...

LAURE.

Ah!...

AMÉLIE.

Tiens, vois... Monsieur Marinville, hôtel de Suède, à Bruxelles.

LAURE, *l'examinant.*

Ah! mon Dieu!

AMÉLIE.

Qu'est-ce?

LAURE.

Mais oui... c'est bien son écriture!

AMÉLIE.

A qui?

LAURE.

A lui!

AMÉLIE.

Au jeune homme à l'armoire? Es-tu bien sûre?

LAURE.

Tiens, vois et compare. (*Elle tire une lettre de sa poche.*)

AMÉLIE.

En effet ! Tu vas l'ouvrir ?...

LAURE.

Je n'ose pas !...

AMÉLIE.

Et pourquoi ?... Cette lettre est à l'adresse de ton mari. Il n'est pas ici ; tu l'ouvres, rien de plus naturel.

LAURE.

Oui, mais il y a : à Bruxelles !...

AMÉLIE.

C'est vrai ; mais comme ton mari revient demain à Paris, que cette lettre, si on l'envoyait, se croiserait avec lui, il vaut mieux la garder. Or, garder une lettre sans l'ouvrir, c'est impossible, ce serait trop nous demander... Ouvrons ! Une, deux, trois, ça y est.

LAURE.

La signature... Oscar Beaucornet !...

AMÉLIE.

Il connaît ton mari, à ce qu'il paraît. (*Pendant qu'elles lisent, Brétigny entre sans qu'elles l'aperçoivent.*)

BRÉTIGNY.

Que lisent-elles donc si attentivement ?... (*Il s'avance sur la pointe des pieds, entre les deux femmes, et met sa tête entre elles pour essayer de lire.*)

AMÉLIE, *lisant.*

« Mon cher ami, tu connais mes théories à l'égard des femmes... j'en cultive une en ce moment... » (*S'arrêtant.*) C'est toi!

LAURE.

C'est moi ! (*Elle continue.*) « Elle est mariée... bien entendu... ce qui exclut toute obligation... »

AMÉLIE.

D'après ce que je vois, ton monsieur Oscar fait la cour aux femmes mariées... dans la crainte de s'enrégimenter... Il laisse ce soin aux autres.

LAURE.

Continuons. (*Elles lisent à voix basse, puis aperçoivent Brétigny, qui s'est avancé et lit en même temps qu'elles.*)

AMÉLIE.

Allez! allez! ne vous gênez pas.

BRÉTIGNY.

C'est ce que je fais.

LAURE.

Y êtes-vous? Puis-je retourner la première page?

BRÉTIGNY.

Retournez.

AMÉLIE, *quand elle a lu, à Brétigny.*

Avez-vous fini?

BRÉTIGNY.

Oui.

AMÉLIE, *lui donnant la lettre et passant près de Laure.*

Eh bien! gardez la lettre, nous vous l'offrons.

BRÉTIGNY, *regardant la suscription.*

Mais cette lettre est adressée à...

AMÉLIE.

Voyez!... à votre associé!... Vous aviez donc le droit de la lire.

BRÉTIGNY.

Moi, oui; mais vous...

AMÉLIE.

Nous ne l'avions pas, aussi l'avons-nous pris. Mais ce n'est pas de cela qu'il s'agit; vous demandiez tout à l'heure une preuve de l'innocence de Laure... Vous la trouverez dans cette lettre... Seulement cela ne nous suffit pas, à nous.

BRÉTIGNY.

Comment?

AMÉLIE.

Il nous la faut complète, décisive. Il nous faut enfin... une petite vengeance, et, pour ce monsieur, une bonne leçon.

BRÉTIGNY.

La meilleure leçon est de ne plus le recevoir.

AMÉLIE.

Non pas... nous le connaissons; il trouverait moyen d'entrer. Il faut qu'il n'ait même plus l'envie de revenir.

BRÉTIGNY.

Qu'allez-vous faire?

AMÉLIE.

Cela ne vous regarde pas.

BRÉTIGNY.

Ah! permettez...

AMÉLIE.

Je ne permets pas. (*Elle sonne.*)

BRÉTIGNY.

Mais, madame!...

AMÉLIE.

Mais, monsieur!...

## SCÈNE XI

LES MÊMES, LISE.

LISE.

Madame a sonné?

AMÉLIE.

Lise, dites-moi... Il est venu, ce matin, un jeune homme ici.

LISE.

Oui, madame.

AMÉLIE.

Si, par hasard, ce qui est probable, il se présentait de nouveau, vous me préviendriez.

LISE.

En ce cas, madame est toute prévenue, car il est là, dans l'antichambre.

AMÉLIE.

A merveille!

BRÉTIGNY.

Comment!... il a osé...

AMÉLIE.

Quand je vous le disais... (*A Lise.*) Introduisez ce monsieur...

BRÉTIGNY.

Jamais!...

AMÉLIE, *à Lise.*

Êtes-vous ma femme de chambre ou la femme de chambre de monsieur?

LISE.

J'appartiens à madame.

AMÉLIE.

Alors, obéissez-moi. (*Lise sort.*)

BRÉTIGNY.

Ah! c'est trop fort!

AMÉLIE, *à son mari.*

Maintenant, vous allez me faire le plaisir de vous en aller.

BRÉTIGNY.

M'en aller, lorsque vous vous préparez à recevoir ce monsieur!

AMÉLIE.

Justement. Ce n'est pas vous qu'il vient voir.

BRÉTIGNY.

Mais, madame!

AMÉLIE.

Mais, monsieur!... Allons, là. (*Lui indiquant la porte de sa chambre.*)

BRÉTIGNY, *d'un ton tragique.*

« Caché près de ces lieux, j'entendrai tout, madame. »

AMÉLIE.

Je n'y vois pas d'obstacle; mais faites vite. (*Elle referme la porte sur Brétigny, et s'adressant à Laure.*) Assieds-toi sur ce canapé et donne-moi la réplique.

LISE, *annonçant.*

Monsieur Oscar Beaucornet. (*Elle sort.*)

## SCÈNE XII

LAURE, AMÉLIE, OSCAR.

OSCAR.

Enfin, madame, je vous trouve seule, et...

AMÉLIE, *se montrant.*

J'y suis aussi!

OSCAR.

Ah!... (*A part.*) Encore!...

AMÉLIE.

Donnez-vous la peine de vous asseoir.

OSCAR.

Excusez-moi, madame, mais...

AMÉLIE, *lui offrant un siége.*

J'insiste, monsieur... j'ai à causer sérieusement avec vous.

OSCAR.

Sérieusement?

AMÉLIE.

Oui, monsieur... Vous allez en juger... Je ne puis vous le cacher, j'ai pris des renseignements sur vous...

OSCAR.

Ah! madame! trop bonne, en vérité!

AMÉLIE.

Ils sont excellents... De plus, si j'ose m'exprimer ainsi, vous n'êtes pas précisément beau.

OSCAR.

Non... mais j'ai du charme...

AMÉLIE.

C'est ce que j'allais dire... Vous avez du charme... un nom...

OSCAR.

Oscar de Beaucornet... cela sonne agréablement...

AMÉLIE.

Très-agréablement... de la fortune...

OSCAR.

Mon Dieu .. oui!... quelques valeurs!... de quoi vivoter!...

AMÉLIE.

Et vous aimez mon amie? (*Elle montre Laure.*)

LAURE, *bas.*

Amélie!...

AMÉLIE, *bas.*

Laisse donc faire. (*Haut.*) Répondez, monsieur...

OSCAR, *avec chaleur et se levant.*

Eh! bien... je l'avoue... je n'ai pu résister à tant de charmes, à tant de beauté!...

AMÉLIE.

Moins de lyrisme... et répondez... Êtes-vous capable des plus grands sacrifices envers l'objet aimé?...

OSCAR.

Si j'en suis capable! ... Ah! madame, mon sang, ma vie!...

AMÉLIE.

Nous les prenons toujours, — mais cela ne nous suffit pas...

OSCAR, *à lui-même.*

Que veulent-elles encore? Je ne donne jamais que cela aux femmes.

AMÉLIE.

Je reprends. — Peut-être, monsieur, dans le tourbillon mondain où vous vivez, n'avez-vous pas eu le temps d'observer les mœurs intimes de la société parisienne?

OSCAR.

Je les ai observées succinctement.

AMÉLIE.

Eh bien, monsieur, il est de ces plaies sociales, qui se dérobent aux investigations du physiologiste le plus minutieux... Ces plaies nous rongent, nous autres pauvres femmes !...

LAURE.

Ah ! oui !

AMÉLIE.

Et font le désespoir de toute notre vie.

LAURE.

Hélas !

OSCAR, *cherchant.*

Pardon, madame, un peu moins d'obscurité, je vous en prie.

AMÉLIE.

Je vais essayer... (*Ils se lèvent.*) Il est des ménages parisiens... qui sont admis dans le monde... et qui n'ont pas reçu de la loi la consécration officielle... Il est enfin des femmes mariées qui ne le sont pas... et mon amie est de ce nombre !...

OSCAR.

Hein ?

LAURE, *bas à Amélie.*

Que dis-tu ?

AMÉLIE, *de même.*

Tais-toi. (*Haut.*) Oui, monsieur... Hélas ! mon amie n'a que les apparences de la femme légitime ; elle n'en est pas une.

OSCAR, *à part.*

Comment, c'est une pêche à quinze sous ! Oh ! mais permettez...

AMÉLIE, *même jeu.*

Je n'ai pas fini... Elle n'est pas mariée, donc elle est libre... Or, vous l'aimez, dites-vous ; pour elle aucun sacrifice ne vous coûtera...

OSCAR, *à part.*

Oh! je la vois venir!... Merci, non!... J'ai des idées là-dessus...

AMÉLIE.

Vous êtes libre aussi... Eh bien! rentrez chez vous, faites vos malles, prenez vos valeurs, le plus de valeurs possible, et fuyez tous deux loin du monde... (*Elle fait passer Laure près de lui.*)

OSCAR.

Comme cela, tout de suite, loin du monde?...

AMÉLIE.

Très-loin du monde!...

OSCAR, *à lui-même.*

Dans le désert du Sahara!... Comme elle y va!...

LAURE.

Vous hésitez?...

OSCAR.

Non... mais... (*A part.*) Sapristi! où me suis-je fourré?

LAURE, *s'avançant.*

Mais alors, monsieur, vous ne m'aimez donc pas?...

OSCAR.

Permettez, je...

LAURE.

Ces poursuites depuis huit jours, au bal, au concert; ce matin encore, ces protestations et cette lettre que vous m'avez écrite... Duplicité! mensonge! (*Portant son mouchoir à ses yeux.*) Ah! mon Dieu! mon Dieu!...

OSCAR, *à lui-même.*

Elle pleure maintenant!... Elle m'aime pour de bon, je n'en fais jamais d'autres. (*Haut.*) Je vous jure, madame, que mon amour...

LAURE, *s'élançant vers lui.*

Votre amour?... Mais si vous m'aimez, lorsque la plus belle occasion s'offre à vous...

OSCAR, *à part.*

Le Sahara, je connais!

LAURE.

Lorsque je deviens libre... lorsque je vous dis : Partons, soyons unis, devant Dieu et devant les hommes... Allons cacher notre bonheur...

OSCAR.

Comme dans *la Favorite*...

LAURE.

Vous êtes incertain, vous hésitez ?

OSCAR.

Non, madame, je n'hésite pas...

LAURE, *bas à Amélie.*

Ah ! mon Dieu ! pourvu qu'il n'accepte pas...

AMÉLIE.

Ne crains donc rien...

LAURE, *à Oscar.*

Eh bien?

OSCAR.

Hélas ! madame, je...

LAURE.

Vous refusez ?... (*Oscar se tait.*)

AMÉLIE, *allant à lui.*

Mais alors, monsieur, comment expliquer vos assiduités dans cette maison, vos visites, vos déclarations...

OSCAR, *embarrassé.*

Madame. .

AMÉLIE, *baissant les yeux.*

Ce que je soupçonnais est donc vrai ?

OSCAR.

Que soupçonnait-elle ?

AMÉLIE.

Oui, tout me le dit... je ne puis me le dissimuler... Si ce n'est pas mon amie que vous aimez...

OSCAR.

Eh bien ?...

AMÉLIE.

C'est donc moi?

OSCAR, *à lui-même.*

Elle... elle... Mais non!... Cependant voyons donc un peu... elle est jolie, très-jolie, aussi jolie que l'autre... e plus, elle est mariée, celle-là... et, ma foi ..

AMÉLIE.

Eh bien, vous ne répondez pas?...

OSCAR.

Ah! madame, mon trouble, mes hésitations doivent vous répondre pour moi.

AMÉLIE.

Alors?

OSCAR.

Alors, je ne puis le cacher plus longtemps... je... je...

AMÉLIE.

Avouez, monsieur, avouez.

OSCAR.

Eh bien, oui, madame... c'est vous!... Je vous adore... je n'ai pu résister à tant de charmes, à tant de beauté...

AMÉLIE.

Ah! quel bien vous me faites!

OSCAR.

A vous mon sang! à vous ma vie!... (*A part.*) Je ne donne jamais que cela.

AMÉLIE.

J'accepte! (*Lui prenant le bras.*) Partons!

OSCAR.

Partir pour où?

AMÉLIE.

Pour d'autres climats...

OSCAR, *passant entre elles.*

Elles ont la rage de changer de climat... Mais votre mari madame...

AMÉLIE.

Mon mari ?... Que dites-vous là !

OSCAR.

Je dis votre mari...

AMÉLIE.

Oui, j'entends bien.

OSCAR.

Qu'en ferez-vous ?

AMÉLIE.

Ce que j'en ferai?... Mais rien, je n'en ai pas.

OSCAR.

Vous n'avez pas de mari ?

AMÉLIE.

Pas le moindre mari... Je suis libre, entendez-vous, libre !...

OSCAR.

Ciel !

LAURE, *à Oscar.*

Rendez-la heureuse !

OSCAR.

Permettez... permettez... Je demande à réfléchir...

AMÉLIE.

Réfléchir... réfléchir en un pareil moment ?

OSCAR.

Madame, la réflexion a été donnée à l'homme. . pour... pour...

AMÉLIE.

Pour qu'il obéisse à ses penchants... Voyons, partons... Qu'est-ce qui vous arrête ?...

OSCAR.

Mais tout, tout, tout !

LAURE, *le tirant à gauche.*

Je vous devine... Vous n'osez pas devant elle... C'est moi que vous aimez...

OSCAR.

Permettez...

AMÉLIE, *le tirant à droite.*

Je vous ai compris... Je serai ce soir à dix heures à la gare du Nord.

LAURE, *le tirant à gauche.*

A dix heures, gare Montparnasse.

AMÉLIE, *le tirant à droite.*

Maintenant, adieu... Allez faire vos malles...

LAURE, *le tirant à gauche.*

A ce soir, monsieur de Beaucornet, soyez exact.

AMÉLIE, *le tirant à droite.*

Prenez vos valeurs!

LAURE, *le tirant à gauche.*

Emportez tout ce que vous possédez!... (*Tout à coup, elles le regardent, et éclatent de rire en même temps.*)

OSCAR.

Que signifie?... (*Se tournant vers Laure.*) Madame, me direz-vous?... (*Laure rit de plus belle, se tournant vers Amélie.*) Madame, je voudrais savoir... (*Amélie rit de plus en plus fort.*) Je crois qu'on se joue de moi... (*Apercevant Brétigny qui entre.*) Un homme qui sort de sa chambre? (*A Amélie.*) Mais vous êtes donc mariée, madame?

## SCÈNE XIII

LES MÊMES, BRÉTIGNY.

BRÉTIGNY, *à Oscar.*

Vous en doutiez, monsieur?

OSCAR.

Non... Oh! on voit bien tout de suite... (*A part.*) Diable! il a l'air raide! (*Haut.*) On ne peut se méprendre...

BRÉTIGNY, *à Amélie.*

Ma chère amie, je te présente monsieur Oscar de Beaucornet, ami intime de Marinville.

OSCAR.

Comment sait-il ?

BRÉTIGNY, *à Laure.*

Madame, je vous présente monsieur Oscar de Beaucornet, ami intime de ce cher Marinville, votre mari.

LAURE, *saluant.*

Monsieur...

OSCAR, *à part.*

Comment, c'est la femme de... (*Haut, très-troublé.*) Madame... monsieur... madame, j'avoue que...

BRÉTIGNY.

N'êtes-vous pas l'ami de Marinville ?

OSCAR.

Je...

AMÉLIE.

N'êtes-vous pas l'ami de monsieur de Marinville?

OSCAR.

Je...

LAURE.

N'êtes-vous pas l'ami...

OSCAR.

De Marinville... Si, je le suis, mais...

BRÉTIGNY.

Ne lui avez-vous pas écrit hier?

OSCAR.

Oui.

BRÉTIGNY.

Votre lettre est arrivée.

OSCAR.

A Bruxelles?

BRÉTIGNY.

Non, ici...

OSCAR.

Tiens, c'est drôle, je ne l'ai pas mise dans la boîte, et l'on dit que la poste a des retards...

BRÉTIGNY.

Comme il est absent et qu'il est mon associé, je décachète sa correspondance : c'est l'usage entre associés, et voici votre lettre.

LAURE, *prenant la lettre des mains de Brétigny et la présentant à Oscar.*

Voici votre lettre, monsieur.

AMÉLIE, *prenant la lettre des mains de Laure et la présentant à Oscar.*

Voici votre lettre, monsieur. (*Oscar va pour la prendre.*) Non... nous la gardons. (*Elle passe près de Laure.*)

OSCAR.

Et vous l'avez lue?

BRÉTIGNY.

Certainement.

OSCAR.

Mais, j'espère que ces dames...

AMÉLIE *et* LAURE.

Nous aussi, monsieur!...

OSCAR.

Et moi, qui lui faisais part de toutes mes théories à l'égard des femmes... Elles m'ont joué... (*Prenant congé.*) Mesdames, monsieur.

BRÉTIGNY.

Marinville et moi, monsieur, nous aurons toujours le plus grand plaisir à vous recevoir.

OSCAR, *saluant.*

Monsieur... (*A part.*) Oui, je connais cela... on me fermera toujours la porte au nez.

AMÉLIE.

Voulez-vous un conseil, monsieur de Beaucornet? Puisque vous avez pour les femmes mariées une passion irrésistible...

OSCAR.

Mais...

AMÉLIE.

Ne vous défendez pas... C'est dans votre lettre... Puisque toutes les autres femmes vous sont insupportables... C'est vous qui l'écriviez...

OSCAR.

Mais, madame?

AMÉLIE.

Mariez-vous, cher monsieur!

OSCAR.

J'y songeais, madame.

LISE, *accourant.*

Madame. . monsieur...

AMÉLIE.

Quoi donc?

TOUS.

Qu'y a-t-il?

LISE.

Il descend de voiture!

LAURE.

Qui?

LISE.

Monsieur de Marinville!

OSCAR.

Le mari... Diable! (*A part.*) Il est trop fort à l'épée...

BRÉTIGNY.

Nous allons vous présenter!...

OSCAR.

Non, merci! je le connais...

LAURE.

Il sera enchanté...

AMÉLIE.

Ravi...

OSCAR.

Non, non!... si vous permettez. (*A Lise.*) Par où vient-il

LISE, *désignant la gauche.*

De ce côté!...

OSCAR, *désignant la droite.*

Je vais prendre par là... (*Saluant.*) Mesdames!...

LISE.

Il monte l'escalier...

OSCAR.

Moi... je le descends. (*Il salue encore.*)

AMÉLIE.

Vous nous quittez?

OSCAR.

Oui! des femmes mariées!...

AMÉLIE.

C'est charmant, cependant...

LAURE.

Se sauver!

LISE.

Revenir!

AMÉLIE.

Se resauver!

BRÉTIGNY.

Re...revenir!

LAURE.

C'est le bonheur!

AMÉLIE.

C'est la vie!

BRÉTIGNY.

Ne sont-ce pas là vos idées?...

OSCAR.

Oui! mais je change d'idées, je fais comme madame Aubray.

FIN

---

Paris. — Typ. Morris et Comp., rue Amelot, 64.

www.ingramcontent.com/pod-product-compliance
Ingram Content Group UK Ltd.
Pitfield, Milton Keynes, MK11 3LW, UK
UKHW020512180726
13839UKWH00005B/2032

9 782329 590387